AUX

JOURNALISTES FRANÇAIS

LETTRE

D'UN JOURNALISTE AMÉRICAIN

Chaque peuple a le gouvernement
qu'il mérite.

PARIS

E. DENTU, LIBRAIRE-ÉDITEUR

PALAIS-ROYAL, 17-19, GALERIE D'ORLÉANS

1875

AUX

JOURNALISTES FRANÇAIS

LETTRE D'UN JOURNALISTE AMÉRICAIN

Chaque peuple a le gouvernement qu'il mérite.

Messieurs,

Vous savez, je n'en doute pas, ce que c'est que la liberté ? C'est le droit qu'ont tous les individus d'une même nation de participer directement ou indirectement par des tiers à la confection des lois de leur pays ; et c'est aussi le devoir de chaque individu d'obéir à ces lois une fois qu'elles sont promulguées.

Il n'y a pas d'autre définition de ce mot liberté ; elle est absolue, c'est-à-dire indiscutable, et quelles que soient les lois d'un pays, dès qu'elles ont été consenties au nom d'une majorité, elles sont justes et chacun doit s'y soumettre.

On peut juger par là qu'il y a autant d'espèces de liberté qu'il y a de nations au monde, l'une pouvant n'être qu'une tyrannie par rapport à une autre ; car ces lois devant répondre aux sentiments et aux besoins du peuple qui les vote, elles seront différentes suivant la latitude, les traditions, la race, la religion, etc.

On a donc tort de proposer à un peuple tel autre peuple pour modèle et de vouloir lui imposer une constitution et des coutumes qui, s'adaptant à tel génie, ne s'adapteraient point à tel autre, et c'est ce que vous faites journellement en proposant à vos concitoyens l'exemple des États Unis d'Amérique.

Chez vous on a chanté la liberté sur tous les tons, sans trop savoir ce que l'on faisait. C'est pour le peuple un mot vague, qui a toutes les significations réjouissantes possibles, et qui le met en rut, suivant la pittoresque expression d'un

de vos poètes; mais c'est une idée sans corps, sans vê-
tement, sans figure : le peuple en serait moins impres-
sionné s'il en connaissait la définition vraie. Il compren-
drait que c'est une chose grave, qui fait moins chanter que
réfléchir; qu'accepter la liberté ou la conquérir, c'est
s'engager dans un état qui impose à l'homme le plus d'o-
bligations, et que pour en goûter les jouissances sévères, il
faut une éducation forte, un sang plus calme que le vôtre
et des instincts héréditaires.

Il faudrait donc que le peuple apprît de vous, que la liberté de quelqu'un n'étant jamais faite que de la servitude
d'un autre, un homme libre est l'esclave de tout le monde.

Or, le Français a si peu l'instinct de ces devoirs et de
ces obligations, que chez vous, individus et partis réclam-
ent la liberté à l'exclusion des individus et des partis
contraires. Vous êtes le plus indiscipliné des peuples avec
les instincts autoritaires les plus développés, contradiction
des plus curieuses, et qui s'explique par cette raison que
généralement les choses qu'on admire le plus sont celles
qu'on réussit le moins.

C'est par ce même principe qu'on peut expliquer l'hé-
roïque dévouement de vos classes nobles à la cause de
l'indépendance américaine; elles se seraient à coup sûr
élancées avec la même ardeur à la délivrance de quelque
peuplade nègre, quitte au retour à proscrire la liberté chez
elles.

Petit manteau bleu de la civilisation, vous avez la manie
du dévouement, et vous allez prêchant aux autres ce que
vous défendez chez vous. Vous avez des aspirations mais
nuls principes, ou vous manquez de caractère pour les
mettre en pratique : semblables en cela aux philanthropes
qui veillent au salut de l'humanité mais qui laissent leurs
familles manquer de pain. Or, tout peuple qui dévie de la
loi naturelle, loi de conservation égoïste, loi de combat;
tout peuple philanthrope est un peuple qui se suicide.

Vous êtes insouciants et légers, toute espèce de respon-
sabilité vous pèse, et il n'est pas un peuple au monde où la
passion pour les places gouvernementales soit aussi déve-
loppée, non pas pour l'argent qu'elles rapportent, mais
pour la tranquillité qu'elles procurent.

En nulle contrée vous ne trouverez autant d'individus que chez vous demandant à confier à d'autres le soin de diriger leur vie, et c'est ce qui explique en France l'influence prédominante du clergé et le succès des corporations religieuses. Vous abhorrez toutes règles, mais vous craignez l'inconnu, et vous acceptez le joug plutôt que de braver les hasards de la vie.

C'est par la même raison que vous êtes impropres à la colonisation; et si vous n'émigrez pas, ce n'est point que votre patrie vous soit plus chère qu'à d'autres ou que vous ayez un moindre désir de faire fortune; non, c'est que vous redoutez l'avenir, c'est que vous manquez de confiance en vous; et la preuve, c'est qu'à une demande d'employés pour les contrées les plus lointaines, Amérique, Chine ou Japon, il s'en présentera mille pour un; mais vous voilà délivrés du souci de vous-mêmes. Ce n'était donc pas l'amour de la patrie qui vous retenait? Avouez-le, ce n'est pas là le tempérament d'un homme libre.

Non, vous n'êtes pas républicains comme vous l'entendez ou comme vous voudriez le faire croire. Vous ne comprenez pas plus l'exercice de la liberté chez les autres nations que vous n'en comprenez l'exercice chez vous (je parle du peuple). Combien ai-je vu de vos compatriotes nouvellement débarqués en Amérique se révolter contre nos coutumes. La loi d'excise et la loi du dimanche les exaspèrent, ils ne peuvent s'expliquer qu'un pays soit assez stupide pour défendre qu'on boive et qu'on se divertisse le dimanche, et quand ils sont punis pour avoir enfreint ces lois, ils jettent les hauts cris. On a beau leur dire qu'elles sont l'expression d'une majorité; que leur importe, ces lois les blessent, ils ne sauraient les admettre.

Etrange République, disent-ils, que celle où l'on ne peut faire ce que l'on veut. Voilà comment ils comprennent la liberté.

Si nous passons du petit au grand, je me rappellerai toujours avec stupéfaction certains de vos radicaux, prêcheurs forcenés du suffrage, affirmer que si ce même suffrage les repoussait, ils n'en tiendraient compte, la République étant au-dessus du suffrage universel.

Tous vos partis, légitimistes, orléanistes, républicains,

bonapartistes, sont logés à la même enseigne; tous accepteraient le suffrage s'ils pouvaient compter sur lui, mais le récusent le craignant.

Choisissons un autre ordre d'idées, et passons de la vie politique à la vie morale, nous allons trouver chez vous les mêmes inconséquences.

Un principe moral s'applique à tous les individus d'une même société, sans distinction de sexe. La violation d'un serment mâle ou femelle, c'est une violation de serment; voleur ou voleuse, c'est tout un, et la loi les atteint également; mais s'il s'agit du contrat de mariage, le mari peut le violer impunément, la femme jamais. Or, la faute est la même, philosophiquement et matériellement parlant. Je sais bien que vous soutenez le contraire et vous objectez que cette faute, selon celui qui la commet, a des conséquences différentes, et que l'homme n'amène pas d'intrus dans la famille; c'est vrai, mais il en porte chez les autres. N'est-ce pas absolument la même chose?

Cela ne veut pas dire que je prêche la liberté dans les relations; mais l'indulgence ou l'égalité dans le châtiment.

Admettrez-vous jamais cela? Non, votre éducation, vos préjugés, vos instincts héréditaires s'y opposent comme ils vous aveuglent en politique.

Pour le peuple, la liberté c'est le travail facile; c'est une rémunération large, une vie heureuse et le gouvernement à bon marché. Vos écoles socialistes, comme à plaisir, ont à ce sujet développé chez les malheureux les idées les plus fausses et les plus dangereuses.

Apprenez-lui donc à ce peuple, que la liberté c'est le travail ardu, la lutte de tous les jours, une vie pénible avec le gouvernement le plus cher du monde. Mais à quoi servent les conseils? l'expérience ne vous a rien appris; vous êtes un peuple à illusions et les diverses expériences tentées par vous ne vous ont point modifiés.

Vous avez demandé la liberté de la boulangerie, avez-vous le pain à meilleur marché? La liberté de la boucherie, payez-vous la viande moins cher? La liberté des théâtres, votre littérature est tombée et vos directeurs font faillite. C'est que les associations constituent des monopoles autrement dangereux que le monopole gouvernemental, car les uns s'organisent en vue d'exploiter le public, quand l'autre n'avait pour but que de le protéger.

En fait de gouvernement ce serait la même chose, et les politiciens se chargeraient de vous constituer une administration dont le budget suffirait à plus d'un trône. Car admettons la proclamation définitive de la République; admettons la fusion des partis: Légitimistes, Orléanistes, Bonapartistes, n'existent plus; vous voilà tous Républicains; je vous la baille belle. Qu'arrivera-t-il?

Je vais plus loin, la nation est unanime à vous acclamer, vous êtes arrivés à l'état heureux de vos rêves; il n'y a plus d'opposition. Le gouvernement vous appartient sans conteste: il faudra cependant récompenser les vôtres, je veux dire les républicains. Malheureusement vous aurez plus d'amis que de places à distribuer, d'autant que dans le principe vous n'oseriez toucher aux petits employés qui, chassés de leurs bureaux et ne sachant rien au monde que tailler plumes et salir paperasses, se trouveraient du jour au lendemain dans la plus profonde misère; non, ceux-là seront les derniers atteints. Mais il faudra bien vous attaquer aux chefs d'emploi que vous remplacerez par vos créatures. Les démissionnés, tout dévoués qu'ils soient à la République, ne seront pas contents et mon optimisme ne va pas jusqu'à supposer que vous ne vous ferez point d'ennemis.

Vous verrez donc se former une opposition nouvelle, car vous le savez, et c'est un axiome politique, les oppositions, en dehors des principes qu'elles soutiennent, n'ont qu'un objectif, le pouvoir. Il suffirait, pour le démontrer, qu'un gouvernement accordât d'un coup toutes les réformes réclamées; vous verriez alors les réformateurs, furieux d'être mis à pied, chercher autre part de nouveaux sujets d'opposition. Chez nous on demande peu de réformes, on demande le pouvoir, c'est plus simple.

Vous formerez donc deux partis, dont la dénomination est indifférente, vous serez tous républicains avec des noms divers; Horaces et Curiaces si vous voulez. Chez nous, c'est démocrates et républicains qu'ils s'appellent. Dans une République aussi importante que le serait la République française, avec une population neuve encore dans l'exercice de ses droits politiques, alors que vos élections comprendraient non plus seulement les députés, sénateurs, conseillers municipaux, et une foule d'autres membres de l'administration, l'organisation de partis servant à diriger le suffrage deviendrait une nécessité absolue.

Vous auriez donc deux corps puissants et occultes dont les membres n'auraient d'autre profession que de s'occuper de la chose publique et qui vivraient de la politique comme le prêtre vit de l'autel. Espèce de franc-maçonnerie recrutant ses membres à tous les degrés de l'échelle sociale, les politiciens accueilleront les ambitieux, les déclassés, voire même les échappés de la correctionnelle ou de la Cour d'assises; car il leur faudra des hommes pour manipuler le suffrage dans toutes les classes, et suivant le mérite, éloquence, audace ou force musculaire, chacun aura son rôle à remplir.

Alors, vous qui vous prétendez avec raison le peuple le plus honnête; vous que soulève la moindre pression électorale et qui flétrissez à juste titre les candidatures officielles; vous verrez les partis descendre aux manœuvres les plus honteuses pour s'assurer la victoire. On vous imposera le scrutin de liste, longue litanie de noms que vous connaîtrez à peine; toutes les influences seront mises en jeu, toutes les corruptions permises; les comptoirs de vos débitants deviendront les véritables foyers d'élection, vous verrez votre bonne foi surprise, vos urnes violées au besoin et vous aurez comme nous, vos *repeaters*, répéteurs qui voteront cinquante fois chacun, quitte à se faire rompre les os.

Ce ne serait rien encore si les politiciens tombaient sous le coup de la loi; mais la puissance de l'organisation assurera l'impunité à chacun de ses membres, et cette tourbe qui manipulera le suffrage du bas peuple pourra se livrer, sans vergogne et sans crainte, à toutes les fantaisies de ses vices déchaînés. Comment voulez-vous qu'un juge condamne l'agent qui l'a fait nommer?

C'est un spectacle auquel nous assistons tous les jours, et il est permis de supposer que les mêmes causes amèneraient chez vous les mêmes effets.

Citerais-je des exemples et vous dirais-je qu'à New-York, dans une ville d'un million d'âmes, notre métropole, il y a

quatre ans à peine, nous fûmes sur le point d'établir un
comité de vigilance pour débarrasser la ville des misérables qui l'infestaient : voleurs, assassins, joueurs de bas
étage, souteneurs de filles, reparaissaient impunis, après
quelques jours d'arrêts, pour continuer le cours de leurs
déprédations. Un seul de ces malheureux fut condamné,
victime de sa forfanterie.

Il venait d'assassiner de sang-froid un négociant; pris
sur le fait, arrêté, menacé de mort, il répondit qu'on n'o-
serait toucher à un politicien. Ce mot lui coûta la vie; le
peuple soulevé demandait un exemple; l'assassin fut pendu.
Mais jamais bienfaiteur de l'humanité n'eut des funérailles
aussi belles ; le parti en masse fit cortége au condamné,
une musique splendide précédait le convoi et le corps du
misérable, comme en une marche triomphale, reposait en-
veloppé dans le drapeau de l'Union.

Vous n'êtes pas sans avoir entendu parler de l'effroyable
dilapidation de nos finances dans l'état de New-York, ce
n'est point par millions, mais par centaines de millions que
peuvent se chiffrer les vols, et les noms de nos grands con-
cussionnaires ne vous sont pas inconnus. Ces honorables
politiciens jouissent en paix du fruit de leurs rapines. Voilà
donc les finances mises au pillage et le suffrage déshonoré.
Mais on pourrait dire que j'exagère et je vais citer des au-
teurs ; je regrette de ne pouvoir donner que des fragments.
Voici ce que disait un des plus remarquables parmi nos
hommes d'Etat (Jacob D. Cox), dans le *North American
review* de janvier 1871 ; c'est la *Revue des Deux-Mondes*,
en Amérique.

« Depuis qu'un président des États-Unis eut pour la
» première fois l'idée de mettre son influence au service de
» l'esprit de parti dans la direction des affaires publiques,
» il arriva que cette influence corruptrice ne fit que croître,
» et elle envahit à tel point toutes les parties de l'adminis-
» tration, qu'aujourd'hui, on ne trouverait pas un hameau
» des provinces les plus éloignées où la dégradante passion
» de servir n'ait démoralisé tous les habitants. »

Il ajoute :

« A l'immensité des demandes, il fallut répondre par la
» création de nouveaux emplois; on dut fermer les yeux

» sur les concussions bien connues des employés ou par-
» tager avec eux leurs gains déshonnêtes sous le motif
» avoué de l'esprit de parti. Aux honnêtes gens qui récla-
» ment contre de tels abus et en demandent la répression
: à grands cris, les hommes qui passent pour avoir le plus
» d'expérience des affaires publiques répondent, que toute
» réforme est impossible, que ce système est le seul pra-
» tique et le seul pouvant amener les résultats en vue
» desquels les partis ont été organisés.

» Ce n'est pas tout: car une fois les titulaires nommés
» et les places occupées, les employés supérieurs qui nom-
» ment aux emplois auraient peut-être le droit de croire
» leur déplorable besogne terminée. Non, il n'est point de
» repos pour eux. Un homme n'occupe pas plus tôt une
» place que ses ennemis ou ses concurrents se mettent à
» sa poursuite, prêts à prouver que le titulaire est bien
» l'individu le plus incapable de remplir un emploi et que
» le parti sera démoralisé, perdu, si l'on ne chasse immé-
» diatement cet homme pour donner sa place à un autre.
» De telle sorte qu'on pourrait dire sans exagération, que
» la besogne gouvernementale se borne à la distribution
» et redistribution des emplois, et que pour le reste, admi-
» nistration intérieure, diplomatie, finances, guerre et
» marine, ce sont petites occupations réservées aux mo-
» ments perdus.

» Avec un tel système, on ne saurait s'étonner que le
» péculat ait envahi toutes les branches de l'administra-
» tion et qu'un maximum de taxes donne un minimum de
» revenu. Députés et sénateurs comme le président sont
» les fauteurs de ces honteuses misères, et il serait inutile
» de chercher les plus coupables; *il suffit de constater un*
» *état de choses sans parallèle dans l'histoire des nations*
» *les plus corrompues.*

» On cite des coureurs d'emplois qui offrirent jusqu'à
» 5,000 dollars, 25,000 fr. pour se ménager l'influence de
» députés pouvant leur assurer une place de 1,500 dollars,
» 7,500 fr., dans le service du revenu, alors même qu'ils
» ne pouvaient compter garder la susdite place plus d'un an.
» Ceci peut servir d'exemple pour les transactions de même
» espèce au sujet des divers emplois du service public.

» Aux vainqueurs les dépouilles! Voilà le cri de guerre
» des politiciens d'Amérique, et nous devons confesser, à
» notre honte, que cette infâme clameur a le même effet
» sur notre politique que le cri de « viol et pillage » sur
» une armée victorieuse enlevant une ville d'assaut; je
» veux dire une démoralisation sans exemple.

» Aussi, la flagornerie, l'adulation, la corruption et toute
» la déplorable litanie des vices politiques s'allonge-t-elle
» du chef de l'État jusqu'au *rough* (la lie de la population),
» chargé de manipuler la matière première électorale à
» coups de revolver ou à coups de poing.

» D'après ce système, la première leçon inculquée à un
» employé, c'est qu'il doit sa place à l'influence; la se-
» conde, c'est que, pour conserver sa place, il doit recon-
» naître cette influence et s'incliner devant elle; la troi-
» sième, que ses devoirs publics ne doivent jamais prévaloir
» sur les plans et les desseins de ses patrons; et la qua-
» trième, qu'il doit être prêt à payer, sur la simple invita-
» tion de ses chefs, la taxe qui lui est imposée (pour les be-
» soins du parti), et ce, sans se permettre la moindre ob-
» servation. Son pain, l'avenir de sa famille en dépendent.

» En somme, le résultat d'une telle éducation, qui
» anéantit le sens moral, a permis aux comités des diffé-
» rents partis de jeter bas le voile transparent qui attestait
» encore chez eux un certain respect de l'opinion publique
» et d'adresser des circulaires aux employés du gouver-
» nement, leur enjoignant d'avoir à payer un *income tax*
» inconnu du *statut book*, taxe à payer entre les mains
» d'agents qui ne rendent nul compte aux malheureux taxés,
» et dont l'usage échappe également à sa connaissance
» comme à son contrôle. »

Jacob D. Cox indique un remède à cette corruption, et
c'est votre administration qu'il prend pour modèle en
demandant que les emplois ne soient accordés qu'au con-
cours, comme cela se pratique généralement en France. Je
dis généralement, car cela ne se passe pas toujours ainsi.

Jacob D. Cox, ajoute qu'il y avait bien une loi exigeant
que les candidats aux emplois publics subissent un examen
préliminaire servant à constater leurs capacités, mais, dit-
il : « Cette loi tomba en désuétude le jour même où elle fut

» décrétée et on ne fit que la travestir sous la forme d'une
» odieuse plaisanterie. Voilà, par exemple, à quoi se bor-
» nèrent quelques examens :

    » Qu'avez-vous mangé à déjeuner?

    » Ou bien :

    » Quel est l'homme qui vous a recommandé?

    » Ou bien :

    » Où irez-vous à la fin du mois pour toucher vos appoin-
» tements?

    » Et l'on était admis. »

Est-ce à dire que d'un bond vous en viendrez là? Non, la
corruption, comme toutes choses, suit une loi de progres-
sion; mais les gros budgets développent les grandes convoitises; combien de temps vous faudrait-il pour y arriver?

Quelles sont les conséquences des excès que je viens de
citer? C'est, dans l'administration, une démoralisation abo-
minable; dans le public, un suprême dégoût de tout ce qui
touche à la politique et un souverain mépris de cette po-
pulace qui domine. Des milliers de gens se refusent à voter,
sachant d'avance leurs protestations inutiles, et se rejettent
sur les affaires, se bornant à déplorer ce triste état de
choses.

J'ai fait plus haut une supposition des plus invraisem-
blables en parlant de la fusion des partis; j'en veux faire
une autre plus invraisemblable encore.

La République est fondée, elle n'a d'ennemis ni au de-
dans ni au dehors : Quel serait l'influence d'un tel évé-
nement sur l'esprit français?

Une transformation complète de son caractère, la des-
truction de son originalité. Vous ne seriez plus ce peuple
ouvert, léger, charmant qu'on critique ne pouvant l'imiter,
mais pour lequel on éprouve, quoi qu'on dise, d'entraînantes
sympathies.

Vos légèretés, vos inconséquences, vos forfanteries, tout
jusqu'à vos vices ont de l'attrait; modes, littérature, monu-
ments, vos arts en général servent de modèle, et ceux qui
vous décrient le plus sont les premiers à vous copier.

On vous accuse d'être le peuple le plus immoral de la
terre; je prétends, comme je l'ai dit plus haut, que vous
êtes le plus moral et le plus honnête; il suffit de voyager

pour s'en convaincre. Seulement vous êtes des fanfarons de vice et vous étalez au grand jour ce que chaque peuple dissimule avec soin.

D'une multitude d'hypocrisies, ils composent un ensemble de vertus et la plupart s'imaginent de bonne foi qu'ils sont immaculés, lorsque les corruptions leur montent jusqu'aux lèvres. Qui donc vous jettera la pierre? Serait-ce l'Angleterre avec ses millions de misérables et ses millions de prostituées; l'Amérique avec ses innombrables maisons de passe, ses adultères et ses infanticides, qui défient toutes nomenclatures; l'Allemagne où vos soldats vaincus et prisonniers ont laissé, en quelques mois de séjour plus de souvenirs vivants que dix années d'occupation victorieuse n'en n'auraient pu produire en France?

Non pas que vous soyez au fond bien meilleurs que les autres, vous êtes hommes et vous avez les passions des hommes; mais c'est que jusqu'à ce jour la forte organisation de vos pouvoirs vous a maintenus dans des voies honnêtes. Ah! la belle institution que le gendarme! surtout quand l'égalité devant la loi n'est point une chimère.

C'est à cette égale répression que vous devez d'être ce que vous êtes; c'est en restreignant l'exercice de vos droits, en vous écartant de ce milieu dissolvant de la politique, que l'Empire et la Restauration poussèrent votre activité dans les études historiques et littéraires, dans les recherches scientifiques, et provoquèrent cette admirable floraison du génie français (1830 à 1848) qui étonna le monde. Vous retrouverez dans les siècles passés les mêmes faits provoquant les mêmes résultats.

Oui, vos administrations sont honnêtes parce que l'égalité devant la loi permet d'atteindre tous les coupables; honnête votre clergé parce qu'il est justiciable de la loi commune; honnêtes vos négociants parce que chez vous la faillite déshonore.

Vous êtes les premiers dans les arts parce que jusqu'à ce jour la politique ne vous a pas absorbés; et vos vices n'ont tant d'élégance et d'attraits que parce que la liberté civile dont vous jouissez, vous protège contre les investigations de l'opinion publique et que certains préjugés particuliers à l'esprit gaulois vous permettent de les étaler au grand jour.

Mais en République, alors que l'ambition vient mordre au cœur les plus incapables, alors que s'allument toutes les convoitises et que le dernier de vos savetiers communards rêve la présidence ou tout au moins le ministère; vous verrez toutes les intelligences se précipiter dans l'arène et se ruer sur le pouvoir. Le journalisme absorbera tout, il absorbe déjà tout; alors, oh! alors, adieu aux études sérieuses; histoire, littérature, poésie, art sous toutes ses formes, vous verrez la décadence se précipiter, et votre gloire, votre véritable gloire se mourir.

Mais non, vous n'êtes pas républicains, car chacune de vos classes qui arrive au pouvoir, comme tout individu qui parvient à la fortune, méprise ou repousse ceux qui luttent dans l'ombre. Votre Révolution de 93, en voulant anéantir les priviléges, n'a fait que déplacer vos instincts aristocratiques en transportant chez la classe bourgeoise les prétentions de la noblesse. Dans les villes de province, tout homme qui travaille, depuis l'ouvri   jsqu'au négociant le plus honorable, est considéré c ..me un vil manœuvre par la classe rentière et administrative. Est-ce là un tempérament républicain?

Mais, dites-vous, la République existe en Suisse, aux Etats-Unis : pourquoi ne citez-vous jamais le Mexique, les Républiques de l'Amérique centrale et de l'Amérique du Sud? C'est là, c'est chez les races latines qu'il faudrait prendre vos exemples, et non chez nous.

Car si nous sommes républicains, c'est que nous ne pouvons être autre chose; nous n'avons ni traditions monarchiques, ni classes privilégiées, et la notion de royauté paraîtrait incompréhensible à la plupart de nos compatriotes de l'Ouest. Mais combien déjà, dans nos classes riches, aux bords de l'Atlantique, combien se prennent à rêver un autre état de choses?

Combien, parmi ceux qui fréquentent l'Europe et que leur fortune met au-dessus des besoins de la vie, ambitionneraient des décorations, des titres, des priviléges et accepteraient avec joie un gouvernement qui consacrerait leur situation et les mettrait pour jamais à l'abri d'une révolution et de la tyrannie des basses classes.

Nous sommes un grand peuple, je le sais bien; mais

comme ces géants trop tôt développés, l'équilibre nous manque et nos pieds sont d'argile. L'un de vos écrivains les plus distingués, Tocqueville, disait avec raison que nous n'étions qu'une heureuse anarchie. Combien de temps sera-t-elle heureuse cette anarchie ? C'est le problème le plus redoutable de l'histoire.

Aujourd'hui, nos rivalités sont encore sans danger et quelques mauvaises qu'elles soient, nous nous inclinons devant les décisions du suffrage; l'esprit d'égalité qui survivra longtemps encore, je l'espère, et le respect de l'autorité inné dans la race saxonne nous font accepter sans conteste la présidence d'un tailleur, d'un avocat, d'un général ou d'un fendeur de bois; mais, chez vous, quel homme du peuple, sans des institutions draconiennes qui répugnent à l'esprit moderne, se ferait accepter de tous les partis ? Vous n'auriez point assez de sarcasmes et de mépris pour un tel maître. Non, vous ne savez vous incliner que devant l'hérédité du pouvoir, un idiot de race royale aura tous vos respects; mais en fait d'état libre et d'élection, toute notion hiérarchique est tellement pervertie chez vous que vous n'acceptez la supériorité de personne. Voilà pourquoi les races latines qui n'ont aucune idée de la souveraineté des lois sont dans un état d'anarchie permanente.

Pour elles, le fonctionnaire est un homme comme un autre, un égal à qui l'on refuse obéissance. Or, tant que vous n'aurez pas inculqué à vos concitoyens ce principe, sauvegarde de toute société, que de l'agent le plus infime au président, chacun de ces fonctionnaires est le représentant de la loi et doit être respecté comme tel, vous ne sauriez fonder une République.

En somme, que vous manque-t-il en institutions démocratiques, en dehors de l'éducation gratuite et obligatoire que vous aurez certainement un jour ?

La loi est pour vous aussi égale qu'elle peut l'être humainement parlant; toutes les carrières sont ouvertes à toutes les intelligences; toutes les capacités arrivent quand elles sont équilibrées. Comptez vos hommes d'État et vos savants, fouillez les carrières libérales, voyez vos négociants et vous constaterez que l'économie, la persévérance, le travail et le mérite ont fait arriver à la fortune et aux honneurs plus de prolétaires et d'enfants de prolétaires qu'il ne vous reste de familles riches par héritage. La plupart de vos chefs dans l'armée ne sont-ils pas des enfants du peuple? Que vous faut-il de plus?

La liberté, un mythe! la République, un nom!

Mais vous savez bien que les rois sont solidaires comme les peuples, plus que les peuples, et qu'une République en Eu. .pe ne peut exister qu'à la condition d'être propagandiste. Or, deux fois dans le cours de votre existence vous auriez pu répandre vos principes et pour un instant réaliser vos rêves. En 93, avec un autre homme que Bonaparte; en 48, alors que, les trônes ébranlés et tous les peuples émus, vous n'aviez qu'à tendre la main pour briser leurs chaînes; Lamartine ne l'a pas voulu.

Aujourd'hui, votre prépondérance est détruite, votre influence nulle; vous êtes encore des rêveurs sympathiques, mais il est temps de vous éveiller; et puis, pour les peuples comme pour les individus, il faut savoir vieillir.

Un avis, me direz-vous, et qui choisir parmi tant de pasteurs voulant mener le troupeau? Ah! mes amis, je les connais moins que vous... prenez le plus honnête, mais, en vérité, je vous le dis, la République vous coûterait plus cher que pas un des trois.

ANDREW C. JACKSON.

Paris. — Imprimerie Balitout, Questroy et C*, rue Baillif, 7.